正向教育
故事系列

豹子達達，
請一起合作

蘇·格雷夫斯 著　　特雷弗·鄧頓 圖

U0111225

新雅文化事業有限公司
www.sunya.com.hk

正向教育故事系列

　　《正向教育故事系列》全套10冊，**旨在培養孩子正向的性格強項，發揮個人潛能，活出更精彩豐盛的人生。**

　　在《正向教育故事系列》裏，動物們遭遇到一些孩子普遍會遇到的困境，幸好他們最後都能發揮相關的性格強項，完滿地解決事情，還得到意外驚喜。

　　小朋友，準備好了嗎？現在，就讓我們進入正能量世界，一起跟着

 鱷魚卡卡學**毅力**　　　　 大象波波學**仁慈**

 豹子達達學**團隊精神**　　 長頸鹿高高學**公平**

 河馬胖胖學**正直**　　　　 獅子安安學**希望**

 猴子奇奇學**審慎**　　　　 烏龜娜娜學**勇敢**

 老虎哈哈學**自我規範**　　 犀牛魯魯學**社交智慧**

　　每冊書末還設有**親子/師生共讀建議**，幫助爸媽和孩子說故事呢！

 升級功能

　　本系列屬「新雅點讀樂園」產品之一，若配備新雅點讀筆，爸媽和孩子可以使用全書的點讀和錄音功能，聆聽粵語朗讀故事、粵語講故事和普通話朗讀故事，亦能點選圖中的角色，聆聽對白，生動地演繹出每個故事，讓孩子隨着聲音，進入豐富多彩的故事世界，而且更可錄下爸媽和孩子的聲音來說故事，增添親子閱讀的趣味！

　　「新雅點讀樂園」產品包括語文學習類、親子故事和知識類等圖書，種類豐富，旨在透過聲音和互動功能帶動孩子學習，提升他們的學習動機與趣味！

　　家長如欲另購新雅點讀筆，或想了解更多新雅的點讀產品，請瀏覽新雅網頁 (www.sunya.com.hk) 或掃描右邊的QR code進入 。

如何使用**新雅點讀筆**閱讀故事

① 下載本故事的聲音檔案

1. 瀏覽新雅網頁(www.sunya.com.hk) 或掃描右邊的QR code 進入 新雅・點讀樂園 。

2. 點選 下載點讀筆檔案 ▶ 。

3. 依照下載區的步驟說明，點選及下載《正向教育故事系列》的聲音檔案至電腦，並複製至新雅點讀筆的「BOOKS」 資料夾內。

② 點讀故事和選擇語言

啟動點讀筆後，請點選封面，然後點選書本上的故事文字或說話的人物，點讀筆便會播放相應的內容。如想切換播放的語言，請點選每頁左上角的 粵 ☆ 普 圖示，當再次點選內頁時，點讀筆便會使用所選的語言播放點選的內容。

粵語朗讀故事 粵語講故事 普通話朗讀故事

❸ 播放整個故事

如想播放整個故事請點選下面的圖示：

選擇語言

粵　粵語 朗讀故事

★　粵語 講故事

普　普通話 朗讀故事

播放整個故事

▶ 播放

▶Ⅱ 暫停

◼ 停止

❹ 製作獨一無二的點讀故事書

爸媽和孩子可以各自點選以下圖示，錄下自己的聲音來說故事！

1️⃣ 先點選圖示上 爸媽錄音 或 孩子錄音 的位置，再點 OK，便可錄音。

2️⃣ 完成錄音後，請再次點選 OK，停止錄音。

3️⃣ 最後點選 ▶ 的位置，便可播放錄音了！

4️⃣ 如想再次錄音，請重複以上步驟。注意每次只保留最後一次的錄音。

爸媽請使用
這個圖示錄音

孩子請使用
這個圖示錄音

OK 爸媽錄音

OK 孩子錄音

豹子達達喜歡運動，更喜歡勝利。但是達達沒有體育精神，他根本輸不起。

當他的球隊在足球比賽中輸了，他就揮拳叫喊，並且生悶氣。

當他在游泳比賽中輸了，他就將毛巾擲到泳池裏。所有人都因為達達沒有風度而生氣了。

但是達達並不在乎，他只想做最好的那一個，並且每次都要勝出。

有一天，鱷魚先生帶學生們去森林
樂園。大家都很興奮，迫不及待要到那
裏玩各種歷奇活動：穿越繩網啦，玩滑
索啦，還可以涉水穿過沼澤。

　　到了森林樂園，鱷魚先生拿出他的計時器請同學們比賽，看看誰最快完成森林樂園裏的各種歷奇活動。他説目前最快的紀錄是十五分鐘。

　　達達自誇會勝出，並且能輕易打破紀錄。河馬聽到後很生氣，他說應該盡力而為和保持風度。

然後鱷魚先生吹響了他的哨子，大家開始跑。達達以他最快的速度奔跑。

他輕易地穿越了繩網……即使看見長頸鹿被繩網纏住了，達達也沒有停下來幫助他。長頸鹿說達達沒有幫忙，很沒風度。

然後同學們來到了滑索。鱷魚先生說他們要輪流玩。河馬第一個開始，但他掉下來了，必須重新再來。達達生氣了，他說他現在就要玩。河馬說達達不願耐心等待，很沒風度。

滑索後是沼澤，那是個非常深的沼澤。達達很輕易地涉水而過……即使看見猴子在中途跌倒了，達達也沒有停下來幫助他。

猴子很難過，他說達達沒有幫忙，很沒風度。

但達達完全沒留意。

達達跑向終點線，他以最快的速度衝刺，並誇口說他輕而易舉地打破了紀錄。

鱷魚先生看了
看他的計時器。他
說達達做得很好，
但他沒有打破紀
錄。達達不服氣，
他揮拳頓足，生氣
極了。

　　達達想再玩一次去破紀錄。他請同學們和他一起玩，可是他們全都説不，因為達達沒有風度。同學們對達達説：「你自己一個去玩吧。」

達達很難過，他並不是故意令同學們生氣。
他不想自己再玩一次，那樣一點樂趣也沒有！

達達去找鱷魚先生。他告訴鱷魚先生，他比賽時很沒風度，令同學們都生氣了。鱷魚先生問他應該做些什麼才能補償。

　　達達想了一想。他說他應該為了沒風度的行
為向同學們說對不起，他說將來他要在比賽時保
持禮貌。鱷魚先生說這些都是好主意。

　　達達向同學們道歉。他說他將來會努力保持風度，他說他會努力在比賽時保持禮貌。

大家都說只要達達保證比賽時保持風度，大家願意一起再玩一次。達達答應了。

這一次，達達在長頸鹿穿越繩網時幫忙，長頸鹿沒有被困住了。

達達還幫忙固定滑索，河馬沒有掉下來了。

26

達達更扶着猴子涉水穿過沼澤，猴子沒有跌
倒了。

最後，他們抵達終點線。達達跑得很快，可還是沒有打破紀錄。不過他根本不在乎，他說在比賽中保持禮貌和風度，有趣得多了。大家都表示贊同。

認識正向心理學的 24 個性格強項

　　正向心理學之父馬丁·賽里格曼 (Martin Seligman) 與其他學者合作，研究出一套以科學驗證為基礎的正向心理學理論，提出每人都能培育及運用所擁有的性格強項，活出更豐盛的人生。

　　正向心理學中的性格強項分成 6 大美德 (Virtues)，共 24 個性格強項 (Character Strengths)。只要我們好好運用性格強項和應用所累積的正向經驗，日後無論是在順境或逆境中，我們仍然能從中獲得快樂及寶貴的經驗。

現在，一起來認識 24 個性格強項：

智慧與知識
(Wisdom & Knowledge)
喜愛學習 (Love of Learning)
開明思想 (Judgement)
洞察力 (Perspective)
創造力 (Creativity)
好奇心 (Curiosity)

勇氣
(Courage)
正直 (Honesty)
勇敢 (Bravery)
熱情與幹勁 (Zest)
毅力 (Perseverance)

節制
(Temperance)
謙遜 (Humility)
審慎 (Prudence)
寬恕 (Forgiveness)
自我規範 (Self-regulation)

24個
性格強項

公義
(Justice)
公平 (Fairness)
團隊精神 (Teamwork)
領導才能 (Leadership)

仁愛
(Humanity)
愛 (Love)
仁慈 (Kindness)
社交智慧 (Social Intelligence)

靈性與超越
(Transcendence)
希望 (Hope)
感恩 (Gratitude)
幽默感 (Humour)
靈修性 (Spirituality)
對美麗和卓越的欣賞
(Appreciation of Beauty and Excellence)

故事中主角所發揮的性格強項

　　豹子達達總是想贏——甚至不惜一切。如果他沒有獲勝，他的心情會很糟糕。同學們都說達達很沒風度，再也不想和他玩耍了。

　　後來，在鱷魚先生的提醒下，達達發揮了**團隊精神**的性格強項。他和同學們**合作**，並且**互補長短**，共同完成了歷奇活動。即使達達最後也沒有打破紀錄，他依然很滿足和快樂呢！**團隊精神**為達達帶來了**歸屬感**，使他願意為團隊的成功而努力！

親子 / 師生共讀建議

讀完故事後，和孩子談談這本書：

1 與孩子談談故事的情節，鼓勵孩子按時間順序複述故事的情節。

2 與孩子談談達達的行為。他不去幫助其他遇到困難的同學們，是否不太友善呢？

3 讓孩子說說他們在玩遊戲或參加體育運動時的感受。他們覺得必須不惜一切代價取勝嗎？然後，藉此指出雖然獲勝令人心情愉快，但在競賽中保持公平並享受參與的過程更為重要。

4 請孩子說說他們認為達達為自己的行為道歉很重要嗎？為什麼同學們會憎恨達達最初的行為呢？如果有一個像達達這樣的人破壞了他們的遊戲或活動，孩子會有什麼感想？

5 將孩子分成三至四人一組。請他們討論一起玩遊戲或活動的最佳方式，以及他們對其他人的行為有何期望。

6 邀請所有人坐在一起，並請每組的發言人談談他們討論的結果。鼓勵其他人作出評論。請孩子制定一套公平和有體育精神的遊戲規則。

正向教育故事系列（修訂版）

豹子達達，請一起合作

作　　者：蘇・格雷夫斯（Sue Graves）
繪　　圖：特雷弗・鄧頓（Trevor Dunton）
翻　　譯：馬炯炯
責任編輯：黃花窗、趙慧雅
美術設計：蔡學彰
出　　版：新雅文化事業有限公司
　　　　　香港英皇道499號北角工業大廈18樓
　　　　　電話：（852）2138 7998
　　　　　傳真：（852）2597 4003
　　　　　網址：http://www.sunya.com.hk
　　　　　電郵：marketing@sunya.com.hk
發　　行：香港聯合書刊物流有限公司
　　　　　香港荃灣德士古道220-248號荃灣工業中心16樓
　　　　　電話：（852）2150 2100　　傳真：（852）2407 3062
　　　　　電郵：info@suplogistics.com.hk
印　　刷：中華商務彩色印刷有限公司
　　　　　香港新界大埔汀麗路36號
版　　次：二〇二〇年九月初版
　　　　　二〇二三年三月第三次印刷